【健康生活】

跟恐慌說拜拜

王世真◎著
Shih Jane-Wang

Say Good-bye to
The Panic Disorder
Relax, enjoy life

從心理治療的角度來看，
靜坐可以放鬆心情，放鬆身體
排除腦中繁雜的思緒。
舒壓，遠離失眠。

◎ 輔仁大學醫學係副教授兼耕莘醫院主任
◎ 美國杜蘭大學公共衛生醫學博士
◎ 楊聰財 審定推薦

國家圖書館出版品預行編目資料

跟恐慌說拜拜 / 王世真著. -- 初版. -- 臺北市: 文史哲, 民 97.05

面 ： 公分

ISBN 978-957-549-794-1（平裝）

1.恐慌症合併懼曠 2.廣泛性焦慮症

415.993　96009755

跟恐慌說拜拜

著　者：王　世　眞
e-mail：alene0921@yahoo.com.tw.
郵政劃撥一九七九三三六九號吳愛琳帳戶
校　對：王世眞、涂育菁
出版者：文史哲出版社
http://www.lapen.com.tw
登記證字號：行政院新聞局版臺業字五三三七號
發行人：彭　正　雄
發行所：文史哲出版社
印刷者：文史哲出版社
臺北市羅斯福路一段七十二巷四號
郵政劃撥帳號：一六一八〇一七五
電話886-2-23511028・傳真886-2-23965656

實價新臺幣二〇〇元

中華民國九十七年（2008）五月初版

ISBN 978-957-549-794-1

謹以本書

獻給我敬愛的父母、女兒、所有愛護我的親人，
以及罹患自律神經失調症患者……並衷心感謝
楊聰財醫師（Dr. Yang, Tsung-Tsair）的協助

作者：王世眞（Shih Jane-Wang）

【序 文】

很榮幸爲王世真女士的精心著作寫序。

她以閱讀、觀察、和自身的生活體驗，將如何常保「身心健康」的心得與妙方，藉由文字之美，與你我分享！

現在社會強調DIY（Do It Yourself），包含減除生活壓力在內。本人也藉由此序，推薦「說、唱、作、寫」減壓操：

1.**「說」**：所謂「講清楚，說明白，笑就來」。就心理衛生角度而言，生活壓力是可以累積，也會轉移在其他方面呈現症狀及問題出來。將心中的煩悶之事，找親友、輔導長、心輔人員、甚至專業精神醫療人員吐訴，避免積久成「內傷」！

2.**「唱」**：唱歌也常是一種抒發情緒、鬆弛緊繃心情的好方法。甚至可以到空曠的草地上、海邊或者山谷間，用力呼喊，讓堆積在胸中的鬱卒一「叫」而空！

3.**「作」**：每天如吃三餐般養成習慣作「肌肉鬆弛練習」。深呼吸到飽氣然後腦海中慢數1到10時漸漸吐氣，去領會一下肌肉也逐漸放鬆的快感。每回作10次，一天可作四回，保你輕鬆又自在！

4.**「寫」**：情緒也可以用筆記錄下來、或畫出來。可以的話，甚至可以投稿比賽，一舉數得。

楊聰財
YANG, TSUNG-TSAIR
輔仁大學醫學院醫學系副教授
財團法人天主教新店耕莘醫院精神科暨心理衛生中心主任
美國杜蘭大學公共衛生醫學博士
哈佛大學公共衛生學院研究進修
e-mail：y9103084@ms32.hinet.net
衛教網站：http://www.yang1963.com.tw/
部落格：洋蔥與蚊子的世界
http://blog.sina.com.tw/yang1963

《作者序》

呼吸是生命的首要

王世真

維持生命的三大要件，是陽光、空氣、水，而呼吸代表生命的存在。每個人都將這自然的舉動視爲平常，卻不知道呼吸的習慣也深深影響著情緒的起伏，會變成一種身體的壓力。

大多數人習慣使用胸式呼吸，這種呼吸法在遇到壓力時，呼吸會變成淺、短、急促，而產生過度換氣的狀況。所以本書提供讓人減低焦慮、沮喪、疲倦、和得到放鬆的腹式呼吸法。

一、它可使大腦和全身細胞得到充足的氧氣。

二、提升副交感神經作用，感覺較爲放鬆。

三、身心達到結合。

四、改善專注力，讓心更安靜，有助放鬆。

身心壓力的來源有二：

一是自我的執著，二是慣性的壓力。

自我的執著，使我們產生自我保護的本能，遇到外來的壓力時，身心自然會產生防衛系統的對抗，形成身心的壓力，這乃是主因。

而慣性的壓力，讓我們在受過某種壓力後，再度回到類似的情境時，心理防衛系統也會產生對抗，造成加倍沉重的壓力。俗語云：「一朝被蛇咬，十年怕井繩。」就是描述慣性壓力的最佳寫照。

放鬆，不只是外在環境壓力的去除，它的根本解決之道，必須將生命內在的執著完全放下，才能得到真正的放鬆。

呼吸法不只是它的技術而已，它包括個人的生活方式。呼吸的方法與性格可說是一致的。例如一個暴躁、沒有耐心的人，他的呼吸也不會安定；而樂觀開朗的人，呼吸也不會無力和雜亂。

古代有名的廣欽老和尚很長壽，則是因為他們在無意識中靜坐、深呼吸、過得是靈修的生活，所以身體自然健康。

心靈修持的重要：

一個人不管多忙，有沒有宗教信仰，每天最好有一點時間做靈修的功課，常靜思、靜坐，能提高自己的抵抗力、免疫力。

內心的修持對病人尤其是一般無形的力量，因為它能淨化我們內心、提昇生命力，開發潛能的一把重要的鑰匙，須知人的內在心轉，將使病人有了新的轉機。

科技日新月異，罹患癌症死亡率攀升，因此人人談癌色變。

讓我們給自己一些時間與空間，面對自己內心的鏡子，和本我、自我、超我對話，方能努力平衡、協調、提昇自己的能量。

誰能說自己是超能量的人？所以能量愈低的人，最需要努力的靜思，才能提昇自己的能量，活出健康！

◆

◎本文參考書目：
詹佳真主任：「放輕鬆」有聲書頁一四，二〇〇一年五月初版
姜淑惠醫師：「這樣生活最健康」頁二〇四－二〇六，一九九九年五月初版
洪啓嵩老師：「放鬆」頁二〇，二〇〇三年二月初版

跟恐慌說拜拜

目錄 CONTENTS

【Park One】

恢復生命的律動

廿一世紀科技日新月異，人類越來越長壽，很多人都在研究各種養生法，使身體更健康。但這是充滿危機、景氣非常低迷、和充滿詐騙人心險惡的年代。景氣低迷帶來物價波動，例如油價頻頻上揚，周遭的環境充滿社會的不安和危機感，例如：經濟壓力、政治、失業等……，人們長期擔負多種的壓力，身體逐漸無法維持健康與平衡，故緊張的現代人往往罹患現代文明病——自律神經失調症。

根據調查大約有五%的人經歷過恐慌症，但是請記著：「它不會令人死掉！也不會令人發瘋！」罹此症者多半個性是完美主義者，且感情豐富之人，反觀現今的社會，燒炭、自殺的不幸悲劇頻傳，而憂鬱症已成世紀三大死亡疾病之一（排行榜第一名），值得社會的關懷及防治自殺，這可避免之宿命。所以最重要的是大家應學習如何抗壓、舒壓、和學習種種的自我放鬆。

／運動

三點鐘老伯

我的鄰居有一位高齡八十歲的老先生，他可稱爲健康模範生。他的生活簡單而規律，每天清早總是準時搭乘六點的首班公車，快快樂樂出門去運動，平平安安的回家。他回來時總是下午準三點。當我遇見他時，我不必看時間，就知道是下午三點正，他是我的時鐘，所以我稱他爲：「三點鐘阿伯。」

◆

他的生活早睡早起、樂觀開朗，作息規律，身體當然好。俗云：「要活就要動，這絕對不是呼口號。」規律的有氧運動，會增加腦部血清素的量，且緩解病痛。而且血清素就是抗憂鬱劑的主要成份，所以運動是很好的抗憂鬱方法，然而忙碌的現代人往往忽略了它！

◆朋友：開始運動吧！例如：打羽毛球、網球、慢跑、練氣功、跳跳有氧舞蹈，可以運動、健美又強身，豈不一舉數得？

2 放下得自在

有句名諺：「塞翁失馬，焉知非福。」

問世間情為何物？直叫人生死相許。

自古多情空餘恨，不過感情豐富的人，還是英雄難過美人關。人們擁有愛情時覺得幸福，一旦失去卻又猶如世界末日、痛不欲生，甚至尋短見，造成不幸的悲劇。

因為想不開，所以執著，執著便生煩惱，而情感是無法捉摸，變幻莫測的。受苦於情感的失落人，鑽牛角尖，套牢於過去，疾病於焉產生。

◆

人生應該往前進，不是後退。路不轉心轉，若能悟出寬恕別人的道理，才能走出痛苦的深淵，得到自在。

如果你能接納自己，悟出寬恕別人是快樂的事，此刻你的心靈亦恢復了平靜與安祥。

◆

人生無常短暫，切莫執著，隨緣吧！

徐志摩的詩句：「茫茫人海中，尋一伴侶。得之，我幸！不得，我命！」

◆

我認識一位老婦人，傳統的古代女性，賢妻慈母，克盡母職，含辛茹苦扶養七個子女長大，栽培個個學有所成，她是一位全方位的好母親。

但是老婦人天生個性愛煩惱，求完美。雖然是偉大的好太太好母親，但她沒有自我。她的愛是博愛的，她除了煩惱兒女，就連小孫子也照顧得無微不至。數十年累積的緊張壓力，爆發了惱人的焦慮症、失眠，最後更導致成痛苦夢魘的恐慌症。

◆

銀髮族的她，失去了昔日的笑顏和健康。常常深夜發病，跑急診。此時，她才覺醒，才開始發現她要多愛自己一點。後來她接受心理醫生的治療與輔導，知道原來自己的思考及做法是錯誤。

她悟出過去對於孩子的愛其實是保護過多，以致成長後很依賴她，缺乏自信，而自己始終爲子女煩憂很不快樂，多年來孩子出門、或晚歸她都忐忑不安的等待，終日活在精神緊繃狀態，終至生病了，現在她懂得調適自己，愛的放手是她學習的功課。

自我改變後的她，了解孩子有自己的天空，不再給自己壓力，學習如何放鬆自己，愛自己，她的病痊癒後也當了志工，去年在一場聖嚴法師法會中，她得了最高的榮耀。銀髮族的她獲得聖嚴法師的頒獎——『大悲心起』的殊榮，特此祝賀。

她是我心目中的女中豪傑，也是模範母親。現在她的日子過得健康和快樂。

◆

放下，何等自在？

古時一位布袋和尚，有一首偈：「來也布袋，去也布袋，放下布袋，何其自在」。

能捨才能得；放下得自在。

3 音樂放輕鬆

現代人每個人每天無不面臨個人壓力，如影隨形，喘不過氣。本章建議您用音樂放輕鬆，透過聆聽、冥想、樂器彈奏等消除壓力，效果絕佳。

音樂良方：

一、週末及每天下班後，聽一曲喜歡的音樂，心情放輕鬆。

二、喜歡彈琴者，可以將疲憊、沮喪的心情寄情於優美的旋律中洗滌、陶冶，終至轉爲愉悅和開朗。當感情融入時，煩惱一掃而空，樂在其中。

三、面對壓力時，音樂的魔力在於能改變一個人的情緒，讓內在至外在，從緊繃到放鬆。

四、唱歌放鬆：當心情鬱悶、悲傷不已時，不妨邀三五好友到卡拉OK歡唱幾個小時。在唱歌中可釋放了緊張的壓力，換來的絕對是愉快和歡樂的好心情。高歌一曲，舒解壓力，可以治療「憂鬱」，大家來學唱歌吧！

五、跳舞：晨間舞蹈，舒展筋骨，幫助血液循環，養身健美，是絕佳的運動，第一節中述及規律的有氧舞蹈，會增加腦部血清素的量，緩解病痛，有助於自律神經失調。

六、SPA醫療音樂：幫助失眠的音樂，本章特介紹一張CD：「SPA醫療音樂」，拒絕失眠。我們可躺在床上靜靜隨著音樂旋律讓心情緩緩平靜、放鬆、消除壓力、疲勞、忘憂解愁、平靜地走入夢鄉。

藉此取代服用安眠藥的催眠劑。你也可以有機會喜愛音樂，放鬆心情。試試看吧！快樂要自己去尋找。

4 平常心

平常心就是最自在、最愉快的心。

人如果凡事順其自然，生活自然快樂自在。人生無常，瞬間萬變，人如果無法去除內心的煩惱，縱然遊遍世界，仍然得不到快樂。

心無罣礙，就是平常心。

◆

一個老和尚，他出家打坐時可做到一心不亂的境界，不過當他去搭電梯、高鐵時就不同了。他覺得自己好像很緊張，精神不安，忐忑的心一直無法平靜下來，爲什麼呢？因爲平常心已不復存在。

打坐時是平心靜氣，大腦沒有意念，而且連動也不動一下，所以很平靜。但如果爬上樹、或到水中游泳、或至波濤駭浪的海裡，當然情緒充滿緊張、不安。因面臨的是相反的狀況而心情完全失控。

◆

恐懼乃人之常情，害怕就是平常心，如果有人看到蛇把它當好玩，他就是瘋子了，而不是平常心。

Against 是對抗，所以我們就把面臨的恐懼視爲理所當然，放下繩索，停止對抗，不企圖戰勝害怕，也不必與自己永無止息的拔河。

與病共存，才是真正的平常心啊！平靜無憂方能治療了自己的恐懼，只要你「別太在乎它」。

◆

日本森田療法論，教導我們要轉移焦點，不要一直鑽牛角尖去想身體的小不適，學習不理會你的負面思考，因爲不斷的焦慮、擔心才是致病的主因。

順其自然，即是平常心。

5 自信心

人只要改變心情和看法，就會變爲有信心的人。

因寫作和加入社團的關係，接觸多方面的朋友，發現令人難以置信的問題，竟然有很多人對自己和工作缺乏信心，而深深陷入焦慮和不安。

我從和他們談話中的互動，發現有些人有足夠的實力和條件，却沒有自信，以至於無法實現理想，發揮潛力，實很遺憾！他們誠實、膽怯、凡事追求完美和成功，卻對自己的能力感到懷疑。由於兩極化的結果，使自己陷入迷惑、自卑中。

改變負面「性格」：他們之缺乏自信，只因凡事膽怯、悲觀、且百分之百「完美主義」、固執、自我意識很強、常以自我爲中心、不信任別人。其實這些性格都因負面的自我暗示所造成。

所以，負面思考改變爲正面思考是功課，如果有決心和毅力改變，自卑感便會消失，潛能可以發揮，自信心自然恢復。

我見過一個絕對完美主義者，他的生活未曾充滿內在的安寧。他被兩極化的需求壓迫，需求與安寧相互衝突，他永遠在矛盾中掙扎。因此他常常憂鬱，從不懂得爲努力得來的一切感到滿足，還拚命鑽牛角尖找毛病，我暗地裏稱他「拚命三郎」。

當我們瞄準毛病時，它就暗示了我們不滿意心態。而解決之道是，把這不好的習性修飾，溫和地對自己說：「我表現的成績很好。」然後就劃上句點，沒有——「但是……」的否定句。溫和地再次提醒自己一下。當你清除所有附加的完美需求時，你就會發現生活本身的完美。

如果能相信自己，拋開自卑感、改變看法和心情，你立刻可以成爲樂觀和自信的人。

自信就是快樂、成功的力量。

【Park Two】

6 不要病態，只要健康

你有怎樣的思想，就會產生什麼樣的感覺。

我見過一個心理疾病患者，她整整四年來每天早上都會頭痛，每天清晨六時十五分她就會頭痛，吃止痛藥，向朋友們訴說著痛苦。她的醫生告訴她，她其實是心理因素造成的結果，選擇頭痛可以引起人注意，獲得別人的憐憫，醫生又告訴她，可以試著將頭痛位置從頭頂移位到太陽穴（偏頭痛）。

她試著做，第一天早上，她六時十五分醒來，躺在床上等頭痛，頭痛來了，她可以把位子「想」到另一個位置去，如此她自己不斷選擇任何一處，到最後，她終於選擇可以完全不頭痛了。

◆

當人們遭遇任何困難而莫名奇妙的生病，也許環境不允許他生病，他強顏歡笑，假做正經撐了下來，直到遭逢重大事件過後，他還是病倒了。

某博士說：『人在壓力過大之下，往往選擇了生病』。

舉例說：

一個中年男子，因婚姻不睦，他在三月中決定到五月五日那天將協議辦妥離婚。直到五月三日他突然感冒高燒到攝氏四十度，不斷的嘔吐。這些症狀一直反覆發生，只要他一想到要離開妻子，他就開始生起病來。

原因就是他的內心掙扎著在做抉擇。

生病是逃避面對事實。

生病總比面對離異後的愧疚、恐懼、羞愧好得多。他這麼想著。

7 正面自我暗示法

自我對話，足以擺脫心靈的陰影。

也許你明白「暗示」可分爲二種。一種是自己影響自己的，叫「自我暗示」。另一種是受別人影響的，叫「他人暗示」。

◆

例如：某些人對油漆會過敏，所以當你告訴他：「這屋裏正在油漆」。他一聽到「油漆」二個字，他就開始害怕……。說很多理由，他不想進入屋內，說他的皮膚開始在癢……這就是「自我暗示」。

如果你懂得適時利用「自我暗示」，都可能對你產生正面的效果。

◆

人的情緒源自於想法，先有想法，才有情緒產生。改變想法，就可改變人生。

當恐慌發作後，情緒陷入濃濃的憂鬱，尤其是無人了解卻又自己難以掙脫的陰影。因爲負面思考和恐懼不斷重現，這時運用「自我對話」，它可以正面幫助你。

我們可以平靜地、緩慢地、溫柔地正向的跟自己對話說：「我到底在害怕什麼呢？」

◆

簡單的自我暗示，常會在焦慮緊張的時候，發揮極大功能，讓我們身心常常保持放鬆的感覺。

輕閉雙眼，我平靜柔和的對自己說：「我現在很好、我很平靜、不要怕、非常安全、放輕鬆、慢慢地……」說一遍、二遍、……五遍。我做兩個深呼吸，接著，我開始放鬆全身的肌肉。先由頭部、臉頰、肩膀、腰、背、雙腳、雙手。開始做深呼吸、吸氣，數一、二、三然後再慢慢地吐氣、慢慢吸氣數一、二、三再吐氣慢慢地……。連續做六至十次，一直到疲倦，很放鬆地睡著了。

◆ 自我對話：可排除負面想法的出現，除了能擺脫了陰影，也可與自己更和平共處。

8 簡易呼吸法

恐慌發作時，呼吸法是自救法門。

呼吸是生命延續的自然運作，然而深呼吸的方法您做對了嗎？它又在何時運用最恰到好處呢？

◆

請跟我做兩個深深的呼吸、吸氣、慢慢地數一到四，停一下、吐氣、慢慢地，愈慢愈好，愈放鬆，繼續放鬆下去，繼續地放鬆、放鬆、繼續放鬆、你會慢慢的放鬆開來，放鬆、放鬆、放鬆、再放鬆，緩緩吸氣，慢慢地，呼氣、再吸氣、呼氣、你會越來越放鬆，再慢慢地吸氣、呼氣……。你覺得每一條肌肉都漸漸放鬆開來，你覺得自己非常的放鬆，覺得很舒服、很放鬆。當你繼續放鬆的時刻，你會覺得這種感覺非常的美好、愉快、非常的舒服、很平靜、很放鬆……。從你的頭到腳都非常的放鬆，自在，放鬆，再放鬆……。你整個身體會自然的放鬆開來、放鬆、放鬆、慢慢來，再吸氣、呼氣、吸氣、呼氣、放輕鬆。

請跟我再作三四分鐘呼吸，閉上眼睛……吸氣，慢慢的……吐氣……慢慢的放鬆下來。

9 每天給自己三個掌聲

有神經質人格特性者，尤其是精神官能症患者（即焦慮症、憂鬱症、恐慌症）多數有很介意別人，怕受批評。自卑感、自我評價低、好高騖遠、急功心切、競爭力強、自責性強。綜合這些人格特質的個性，最容易造成心理壓力及困擾，導致生病。

不少憂鬱症患者，因無法正常工作，自暴自棄，而產生沒有自信，而且很難忍受挫折感，皆因個性所害。

◆

我的一位朋友，是個優秀的老師，他有豐富的學識，對工作的態度非常認真和嚴謹，尤其在工作表現很成功。

某日他帶一本即將出版的新書原稿來，希望我給他一些意見。當我閱完之後覺得內容豐富，主題正確完美。所以，我表示這本書很好啊！他卻回說：「我覺得不好。」

想不到他竟對自己如此沒自信，令我不解。後來漸漸了解，源自於他的人格特質所致。須做心理上的種種調適。

◆

建立自信心的方法：

一、自我評價低等於否定自己的優點，對自己有偏見，請勿妄自菲薄。

二、接受自己：你不可能把自己變成另一個人，多肯定自己的優點。

三、每天請給自己三個掌聲。

試試看！你會有不一樣的心情哦！

10 別急！慢半拍

有句俗語：「皇帝不急，急死太監。」真有意思！

有人天生的急性子，講話急躁，甚至結結巴巴地。我看過吃飯很急的人，一碗飯狼吞虎嚥的吃完，也不怕噎到和得胃病，看起來令人受不了！有人是講話急躁，讓人聽得非常不舒適，也聽不清楚，這是很影響人際關係的。

◆

罹患精神官能症者，病因與個性很急息息相關。尤其在此充滿壓力的台灣，這個急躁的毛病，可以珊求助精神科醫師協助改善之。

◆

凡事應該多用心，不是急燥心。慢半拍，可以放輕鬆，事半功倍。

套句俗話：「急死人了」。急，久而久之真會急出病來的，切莫忽視。

朋友：活在今天的方格中，請放慢你急躁的心，放慢你的腳步，停下來，欣賞一下路邊美麗的玫瑰花吧！

【Park Three】

11靜心盤坐

佛教史上不少修行人可以做到完全不睡覺，這種稱為「不倒塔」的修行，是在晚上完全靜坐，隔天清晨依然能精神奕奕。

這種科學的解釋，是在靜坐的狀態中，人的意識雖然清楚，但是腦中無雜亂的思想，身體可以完全的放鬆，達到安眠效果，靜坐對失眠者來說，值得一試。

◆

如果從心理治療的角度來看，也認為很有幫助。理由是長期失眠的人常具備以下特徵：

睡前腦中思緒過多，身體不自覺的緊繃，愈想睡著，反而越睡不著。靜坐，恰好可解除上述的三個常見問題，因爲靜坐可以放鬆心情，可排除腦中繁雜的思緒，放鬆身體，舒解身體的緊張，進而解除失眠的困擾。靜坐，使你不再失眠。

輕鬆坐：

一、床上放一個蒲團或枕頭，端坐上面。

二、脊椎挺直，保持輕鬆。

三、雙腿輕輕盤起（單盤即可），雙手掌心朝上交疊，輕輕置於盤腿處。

四、眼微閉自然呼吸，頭部下垂約十度。

五、注意力集中於緩慢的呼吸，吸氣時心中默數，吸一次氣數一下，直到數十爲止。

當腦中開始有雜念，不要感到心煩，提醒自己把一切想法輕鬆放下，再開始重新默數呼吸即可。當你心煩意亂感覺無聊時，建議可做一些伸展拉筋的動作，讓自己身體自然放鬆。

當你開始練習靜坐，必須注意以下四原則：

一、減少安眠藥的使用，它會讓你精神昏沉，所以務必與你的醫師討論減藥，而非自動完全停藥。

二、除非你已有睡意，否則不必勉強臥床睡覺。

三、臥床後若仍無法入眠，請起來繼續靜坐。

四、給自己一個月時間，「羅馬不是一天造成的」。試試看這個方法，不要依賴安眠藥，只要能努力不懈，假以時日你將會看到一些明顯的改善。

◆

以上乃筆者親身的體驗。

靜坐放鬆，可使人們的血壓達到理想的標準，所以開始靜坐吧！

「養身在動，養心在靜。」

靜坐是歷史悠久的中國功夫，功效不可言喻，它可治失眠、心理疾病等。自然的坐姿，自然的呼吸，訓練注意力能集中於呼吸及腹部之起伏，若能持之以恆，身心必能常保平靜的狀態，達到身、心、靈的放鬆。

12 心安方能治敏感

平安的心是柔軟的、平靜的、不散亂的心。

一個人要先求心安方可以做大事。如果你的心不安，那麼你的成就全都是虛，你雖然賢能、博學淵深、能言善道，大文學家都是假的，所以內在的心安最重要。

作家林清玄說過一個故事，從前有一個樵夫到山上去砍柴，碰到一個自稱是妖怪的人，他的名字叫做「敏感」。這個敏感的妖怪就跟樵夫說：「我是一個妖怪，可以預先知道別人心裡想的事，我現在正要到人間搗亂。」這個樵夫聽了覺得很可怕，因爲可以預知別人的心又講出來是非常可怕的。

樵夫想著想著：「這個妖怪如果下山就糟糕了，我要趕快把他抓住。」正在想時，這個「敏感」就說：「你現在要來抓我了對不對？」這個樵夫一聽嚇一跳說：「太厲害了，乾脆把他殺掉算了，免除大害。」於是就拿著斧頭要殺「敏感」，但是這個敏感的妖怪哈哈笑起來說：「你現在正打算要來殺我了對不對？你殺不到我的，因爲你要砍我的方向我都預先知道。」

這個樵夫不管怎麼砍都砍不中，心裡實在懊惱，妖怪就在他身旁跳過來跳過去拍手，很開心。樵夫無可奈何的想，乾脆不要理他，好好做我的本業吧！

◆

樵夫的本業是砍柴，於是埋首苦幹的工作，妖怪「敏感」就在一旁繼續嘲笑他說：「你現在因爲殺不到我，所以假裝砍柴了對不對？」樵夫下定主意，不理他，只用心的砍柴，砍到斧頭鬆了自己都不知道。再用力一砍，突然斧頭的刃飛走，正好打中在旁邊嘲笑他的「敏感」的頭部，一下就把他殺死了。

◆

聽完這個故事，我們可以了解心安、無罣礙才能對治敏感。很多人活在痛苦、焦慮、煩惱、不安、與悲哀中，就是無法擺脫敏感，對治敏感的唯一方法就是無罣礙。也是進入無心的境界，方能得到心安。

◆

◎本文參考書目：
林清玄著：柔軟心無罣礙頁一〇九－一一一。
現代佛典40　一九九六年十二月二十九刷

13 做自己的主人

我們常聽人家說：「歡喜就好。」是的，人人都可以做個快樂的人。人生無常，死亡難料，我自問：「我不應該做真正有意義的事嗎？」「我應該太在乎別人的想法嗎？」「每件事都往負面去思考嗎？」「我能調整情緒而恢復平常心嗎？」我的回答是以下幾個字－生活、做自己、快樂和愛。

◆

當你深陷在憂慮之中的時候，要設法把它忘掉，你的痛苦也許很大，但你應該把心思轉移到其他事務上去。

『***When you are beset with worries, make an effort to forget. Great may be your sufferings, but turn your mind to other things.***』

◆

真正的智者在於每天都能活得快樂，即使你面對一件你很在乎而無法解決的事，你還是可以選擇快樂而拋開不快樂，有了初步的體認，你就是智者，智者不會選擇沮喪，因爲你能主宰自己，永遠不會精神崩潰，而是知道怎樣去選擇快樂的生活。

喜樂的心是方良藥，憂傷的心使人枯竭。

◆

感覺來自於思想：我可以學著改變不關於過去的想法去思考任何事。只要我下定決心，試問：「不快樂、哭、想自殺，是否划得來？」然後開始徹底檢討，是什麼樣的想法導致你產生這些痛苦的感覺。

拋開它：因爲你已根深蒂固從心底接受它。從未一分一秒想過離開它、推翻它。其實你可以學著不想它、忘記它、拋開想它和期待，就像把傷害自己的事全部拋棄一樣，你就可以是個快樂的人。

14 九十分就很好

約於民國八十三年某月聯合晚報，報導一篇『恐慌症』－完美主義併發症。研討分析出原因的專家，指出會犯有恐慌症的患者，多具有求完美的人格特質，例如事事求一百分者，凡事需掌控一切方可安心，個性固執衝動，常常在乎別人的批評，有人竟為了一句話做出無法挽回的遺憾。

為了別人無心的一句話，把自己的經神弄得緊張兮兮，陷於沮喪的情緒中，悶悶不樂。你可以自問：「為什麼我要那麼愚昧？我是不是可以學著凡事不要太在乎？這樣值得嗎？」

我可以不在乎別人的批評，退一步海濶天空。我不再凡事求一百分，允許自己有做不好的時候，溫柔的對自己說九十分就很好，做自己。這樣，活著才會快樂，不是嗎？

15 微笑

微笑可以使人快樂，有句話：「伸手不打笑臉人。」

每天早晨對鏡微笑，這是學習來的習慣，當心情低落，情緒緊綳，內心產生憂鬱的負面情緒時，只要能夠試著表現出快樂的樣子，內在的不悅便會隨之消失，不但如此，連自律神經的變化、緊張都會抒解，筆者體驗當我們愉快的笑了一聲，血壓會降 10 mmHg，因爲臉部肌肉放鬆了。心情亦隨之轉爲開朗。

◆快樂，是會感染的，你的快樂，別人可以感受到，當對方感到快樂時，彼此充滿快樂和笑聲，所以我們平常就應保持愉快的心，燦爛的笑容。

◆笑聲——世上最美好的聲音

情緒不好時，走出戶外。

當你心情不好時，放下書本，到郊外走走吧！聞一聞滿園的玫瑰花香，看一看綠色的植物，聽聽蟲鳴鳥叫聲，小孩子玩笑的聲笑，有無限的喜悅洋溢在身邊，背一台攝影機，當你看到美的景物，即可捕捉那一剎那的快樂。

請問傑出的攝影師，他們捕捉到最美的鏡頭是什麼時候？當然是「笑」的時候。世上最美好的聲音是什麼？那就是「笑聲」。

笑，就是陽光，它能消除人們臉上的冬天。

【Park Four】

16 災難性思考的改變

人，天生就俱有學習的能力，不論在學校、家庭或社會中不斷累積生活經驗，形成了想法養成個人的生活習慣。似乎樂觀是一種習慣，悲觀也是一種習慣。

患有一種名為精神官能症者，這恐怕是一種通病，那就是——強迫性負面思考。

◆

災難性思考乃預期性的焦慮、不安。養成習慣後會在腦海中形成惡性循環，凡是聽見、看見、想到任何災難或意外、病痛……的訊息，總是誇大災難的想法，把自己嚇得魂飛魄散，生不如死的地步。所以努力調適和改變吧！

◆

一、正面思考：凡事反應過度在乎別人，容易被傳統的教條束縛，自責性強者會造成緊張，生活過得太嚴肅。所以，我們應學習改變自己，愛自己，放輕鬆！

二、置於死地而後生：『不要自己嚇自己』。當你罹患焦慮症，腦部對負面訊息接收迅速，想要走出這個牢籠，必須勇敢面對恐懼，恐懼自然消失。

三、靜心自問：「我到底在怕什麼？到底怕發生什麼事？我真的不想去克服它嗎？」「當自己找到答案時，進一步了解是不是自我扭曲了想法？」

四、轉移：找到自己的轉移想法，試著努力不斷的練習，直到新的認知想法，心念轉變，思考也正向了。

17 人生觀的改變

自我改變，靠自己。

當人們面對疾病時，不論是身體或心理的疾病，最重要的是改變自己的想法。想法改變，自然可以勇於面對。而內在的心情也會跟著變爲開朗些，比如說憂鬱症者能做到這些，那麼她的人生觀已不再消極，而轉爲正向，正面思考及意志力的加強，她的病自然不藥而癒了。

人的觀念很重要，如果你充滿信心，相信生病是會好的，那麼病自然好的很快。這正是心理的自我暗示力量，所以生病時，請不要諱疾忌醫，延誤治療。

18 身心靈健康

人的健康可分爲三階層：

一、身體的健康
二、心理的健康
三、靈性的健康
而靈性的健康，建立於身體及心理的健康。總之，身、心、靈的健康，缺一不可。

◆

宗教信仰：
宗教信仰的力量是無形的，它是心靈治療的良方。它除了禮佛、禱告、焚香、祭祀、念經外，更是遭受苦厄挫折時，心靈的皈歸。

戒、定、慧的修行：
佛教中，戒、定、慧的修行，有助於情緒的穩定。

◆

寫經比念經更能幫助心的安定，注意力可集中，則心不易散亂、妄想，倘能一心不亂的寫「摩訶般若波羅蜜心經」，如同寫書法一般專注就入定了。這是修行的初步，每天在定時若能把萬緣放下，靜心地寫經，這便是「戒」的功夫。寫經時能摒除雜念，全神貫注於經文，正念集中，這便是「定」的功夫。再者，將心安住於經文上，經過字字臨摹，句句刻入心田，視之於眼，念之於口，書之於手，注之於心，達到身口意清淨。經日久薰修，思維、佛法大義深植心裡。藉此內心的光明逐漸點燃，心靈經不斷的洗禮，日趨清涼，這便是「慧」的功夫。

經由寫經的修行，學者若能毅力用心地實踐，就能俱足了「戒、定、慧」的修行，不但可使無明妄想解脫，還能生出智慧，何樂而不為呢？

19 幽默感

幽默感可以讓人長壽，據說金氏世界紀錄大全裡，現年全世界最長壽的人瑞，是法國的一位女士叫克勞蒙，她活到今天已經一百二十一歲了，記者曾採訪問她：「妳的長壽祕訣是什麼？」她說了四個字：「笑口常開！」

所以，「笑」對身體有莫大的幫助。一個充滿幽默感的人，人際關係絕對良好，可給人有好的印象，好人緣，縮短人與人之間的距離，化解了嚴肅或冷漠的氣氛，給人帶來莫大的快樂，更可以延年益壽。

◆

笑話使人放鬆

一個有幽默感的人，必定得人緣！

幽默大師林語堂先生講過一段話，他說：「有幽默感的人，工作時認真工作，休息時完全放鬆，做事時以認真嚴謹的態度去面對，而聊天時，你不妨輕鬆幽默些。」這才是正確的人生觀。

「幽默感」是輕鬆而不失莊重，嚴肅中含有風趣。

說話中若能常帶有幽默感，你會發現人際關係變得更和諧，而且帶給別人快樂，是搭起友誼橋樑的最佳潤滑劑。

20 放鬆的秘訣：腹式呼吸法

先舒服的躺在床上或柔軟的椅墊，鬆開緊身衣物，腹式呼吸如嬰兒的呼吸般。雙腿自然地微開，一手輕放於下腹部，另一手輕放於胸部，雙眼自然微閉。由鼻子吸氣再由嘴巴吐氣，注意你放在下腹部的手會隨著呼吸而上下起伏。吸氣時默念「一秒鐘，兩秒鐘，三秒鐘，四秒鐘」，然後暫停一秒，仔細感覺放在腹部的手會上升約一吋（記著：不要牽動您的肩膀）並想像溫暖且放鬆的氣體流入您的體內。

繼續吐氣，仔細感覺放在腹部的手會跟著下降，並想像所有的緊張也跟著釋出。若您感覺輕微頭暈，請改變呼吸的長度、深度。重覆以上動作五至十次。

注意：一開始練習並不能很快地讓空氣到達肺部深處，必須持之以恆，而使自己更爲專心。

若您難以維持規律地呼吸，則輕輕地深呼吸，維持一至兩秒，再蹶嘴慢慢吐氣約十秒，然後再開始重覆先前腹式呼吸的步驟。

◆ 雖然我們每天都在呼吸，可是大部份屬於胸式呼吸。

正確呼吸法：腹式呼吸、漸進式放鬆法、想像式放鬆法，能吸入大量的氧氣，換氣效果更佳，好處有很多，包括提供大腦充足的氧氣，刺激副交感神經，讓我們的身心更放鬆，有助於身體廢棄物的排泄，安定精神，注意力集中。

當我們面臨重大壓力，或緊張焦慮時，以腹式呼吸法緩緩做深度的呼吸，在一吸一呼的換氣下，起伏間，可有效降低緊張的壓力，緩解了不安的情緒。

每天練習腹式呼吸，只要五至十五分鐘，你可以過得更自在更放鬆！

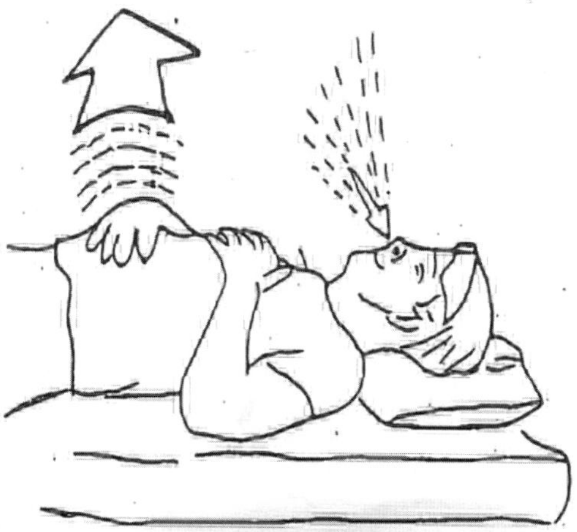

圖例一：吸氣

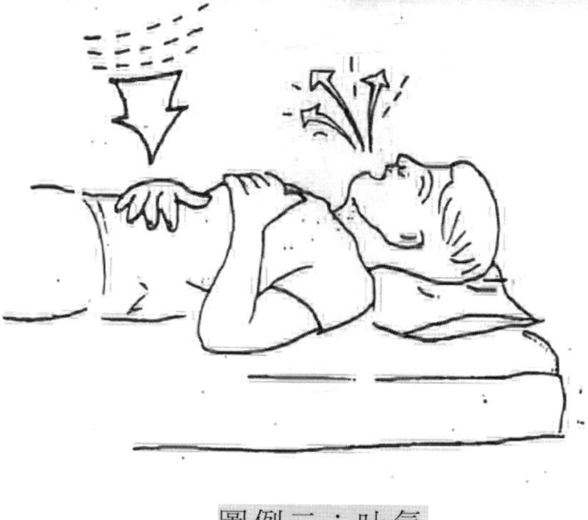

圖例二：吐氣

【Park Five】

2/情緒陷阱

預期性焦慮，往往產生負面思考，負面思考於是產生症狀。例如：失眠、心跳加速、頭痛（頭重腳輕）、焦慮煩惱、不安、憂鬱、罪惡感、恐慌等。心理影響生理，於是就病發了。

◆

自我調適DIY

一、自我語言，驅除恐懼

不要自己嚇自己（認知是信心的好朋友）

因爲無知產生恐懼，我們要去除預期性焦慮，首先要學會簡單的自我暗示，常會產生極大效用，它有解除緊張焦慮的功能。讓我們保持身心的放鬆愉快。

以下是一些正向的自我語言：

我們可以常溫柔的告訴自己：「我很好！我很正常！我沒病。」說五遍、十遍、愈多遍愈好。

自我語言會使你增加自信心。

二、與病共存

心病身不病，我們別把焦點放在自己的身上，我們四肢健全，頭腦聰慧，我們每天可以走出去工作、當義工。要與病共存，放輕鬆！

三、轉移注意力

永不放棄的海倫凱勒女士說：「他將別人眼中的光當作自己的太陽，別人耳中的音樂，當作自己的交響樂，別人唇邊的微笑，當作自己的快樂」，她以樂觀毅力戰勝聾盲啞三種缺憾，堪稱天下奇女子。我們要學習她的勇敢、樂觀和自信。

她曾說：身體上的不自由終究是一大缺憾，這點我很了解。我不敢說我從未怨天尤人或沮喪過，但我更明白這樣根本於事無補，因此我總是極力控制自己的腦子，不要去鑽牛角尖。她是多麼有智慧啊！

◆

她曾說過一個珍貴的啓示：

如果我有三天的光明。

失明的我願給所有看得見的朋友一個啓示：善用你的眼睛，就如同你明天就要失明一樣，並且把這種方法運用於其他感官上；聽聽音樂、小鳥的歌唱，及交響樂團的大演奏，彷彿明天的你就要成爲聾子一樣；詳細的撫觸每一個物件，如同明天的你觸覺就要失靈一樣，聞聞花兒的芳香，嚐嚐各色的滋味，就像你今後無法再聞再嚐一樣，充分運用你的每一個感官，藉著天賦的感觸，盡情去享受你眼前世界的種種樂趣和美麗。

這個珍貴的啓示，令我們非常的震撼，是嗎？

一個又聾又盲又啞的重殘女子，她都有堅強的毅力，戰勝上天賦予的重大殘缺，而得到最大的成功。相較之下，情緒障礙又算得了什麼呢？

◆

若因爲生病而終日無所事事，不但浪費生命更使病魔更加容易侵蝕自己的身心，而且由於沒有成就感，更令陷於憂鬱症的陷阱之中。

此時，轉移注意力是一項重要的行動，找一個壓力不大的事去做（有興趣的事最好），例如寫作、練習書法、畫畫、學習歌唱、攝影、練習外交，都是給予自己自信與成就感的良好途徑，而且是最好的心理治療，你將很快重拾健康的人生。

22 別為小事爭執

容易情緒化的人，如果動不動就把怒氣發洩出來，除了傷害別人之外，其實自己所受的傷害遠比別人來得多。

也許很多人都不了解自己爲什麼會如此情緒化，也知道這個毛病不好，只是覺得自己無法控制憤怒。

有一名四十多歲的婦人，經年爲失業的丈夫而煩惱，某日正準備打電話，不料電話一直被失業的丈夫佔用。經濟的壓力早已使她喘不過氣。催促了好久，仍不見先生掛斷越洋電話，所以順口數落丈夫幾句，不料丈夫懷恨在心。

等到這位婦人在打電話時，先生怒氣沖沖找他理論，雙方一言不合下，開始拉扯。後來，男子一時情緒失控，氣憤地用手掐住她的脖子不放，雖然是一時的氣憤，並無致她於死，不過此舉已將婦人驚嚇過去了。

掐脖子的事件，使得原本患有恐慌症的她，因驚嚇過度而引起血壓高達一百多，所以舊疾復發，雖經求醫治療，但這暴力事件，造成婦人致命的傷害，所以每天她必須早、晚量血壓，以求安心，十幾年來恐懼無法痊癒。

最後婦人爲了自保，終於勇敢提出離婚的要求，至此，她才走出恐懼的暴力陰霾。

爲了幾句話，最後竟然演變成暴力、離婚事件，實在讓人不勝唏噓，難道不能理性的冷靜幾分鐘嗎？事實上很多人正面臨如此，否則這個社會離婚率怎會如此居高呢？這一時的情緒失控，卻是換來永遠的悔恨。

容易出現情緒化的人，主要是缺乏對自己的認識和沒有安全感所致。尤其是當壓力來，心情煩悶時，不由自主地，就情緒失控了。結果動不動，會為一些小事抓狂，而失去很多好朋友及與家人失和。

保持輕鬆的心情，別為小事氣憤，除了做到情緒的管理與安頓，更是現代人首要學習的功課，方能常保「身心的健康」。

社交恐懼症

你有怎樣的思想，
就會產生什麼樣的感覺。
——王世真

23 害怕眾人的目光——社交恐懼症

身體的健康，幾乎取決於精神的健康。

——約翰·格雷（英國學者）

約於民國八十一年，我罹患突發性急症，在求醫無門下前往高雄某大醫院精神科，為不斷而來的疾病所苦，精神不安幾近崩潰邊緣。

Dr.C是精神科醫師，也是治療我疾病的第一位醫生，認識他已達十八年之久。高高的個子，襯托一臉的帥氣，風度翩翩的他，令人忍不住多瞧他一眼。當我初次與他接觸時，頗有好感，覺得他十分友善，對病友很有耐性，他仔細聆聽我長篇的病史後，只給了我一句話：「妳的病叫做有驚無險」。這是我對恐慌症的第一個認知。

聽後，我這顆忐忑不安的心，頓時緩和多了，內心平靜些，足見那一刻醫生對我是如何的重要，安全感多麼的寶貴，然而，當時醫生也「未知病名」，豈不怪哉？

接著，和我做一些問答式的對話、開藥。當離去前，好奇的我再次回頭注視著醫生的那張臉。

瞬間，我強烈地感覺他的臉變得好紅哦！心裡奇怪的想著，「咦！這個醫生好像很害羞的人呢？」這是Dr.C給我的第一印象。

往後，複診中，短短數十分鐘的時間，Dr.C他時而坐著，時而站立，這是每一次特別的情況，（彷彿有點焦燥），一直到他站著和我說這句話：「我們今天到此爲止」。

這個看病模式，我由陌生漸而習慣，因習慣而了解他，本來，我不疑有他，僅僅能體會Dr.C的辛苦，一位心理醫生的辛苦而已！

僅得到心理支持

治療約二年光景，我在Dr.C的幫助下，雖然得到心理的支持，但對疾病卻無認知，無法突破心理障礙，仍然畏懼外出，日常生活無法恢復正常，終於北上訪求名醫。

良醫視病猶親

當我在娘家土城找到適合的工作時，身體卻有了毛病，因乳房長瘤而陷入憂慮中時，我接到Dr.C關懷的一封信。

「患難見真情」，信中他給予我深度的心情支持、同理心的分析，身心煎熬下的我，這封信宛如雪中送炭般溫暖，減少我的恐懼和過度的焦慮情結。因此，心中對他由衷的感激。

大醫院的名醫

Dr.C是大醫院的醫師，常常南北二頭開會，甚至還往返國內外，忙得分身乏術，飛來飛去。

而我，則每隔二個月要返高雄陪陪孩子，因爲我的疾病須繼續回診，所以依舊可見到他。

他特別和我預約時間會談，記得有次他說：「他上台北開會卻爲幫我看病，而特別專程搭機趕回的。」心中對他的謝意，不知如何形容。

他不僅僅是害羞而已

社交恐懼症是相當普遍的泛焦慮症疾病，病患往往面對特定情境時出現異常恐懼與反感狀況，這種焦慮感伴隨著以下至少三項症狀：

一、蓄意躲避眾人焦點目光，害怕出糗尷尬，深感自卑。

二、在群眾中不敢表達意見，只敢與熟識並親近的人交談，懼怕陌生人。

三、無法與人建立良好社交關係，人際溝通不良，人緣不佳。

四、遭遇到特定懼怕情境不敢面對接觸，習慣尋找身邊依賴者協助解決。

我多年來寫文章、投稿，每當上報時也會與他分享，他總不忘讚賞我幾句：「很好，作家朋友哦！」而 Dr.C 常寫論文，而我是門外漢，所以彼此分享一些心得感想，不亦樂乎！

好像是老友般，某次看病中，他開言道：「他有位醫師朋友，白天爲病患看病，夜間還被太太壓迫須在自家兼夜診。因太勞累了，他的朋友不想兼夜診，奈何太太堅持反對，因此二人大吵特吵……。」

當晚，夜闌人靜時，我幾番思索後，第六感告訴我：「啊！莫非 Dr.C 說的事就是他自己吧！」我想。

在治病中的言談，隱約感受到 Dr.C 的精神生活是孤獨的。因爲他曾告訴我，黃昏的時候他會一個人去溜狗，這是他的嗜好。

而我也在黃昏的時候，外出散步哼哼歌曲，這可以減輕焦慮、放鬆心情。常常我在 Dr.C 的吐露心頭點滴下，我可以肯定對他的疾病想法。醫生，也是凡人，也會生病。

怕上理容院

歲月如行雲流水，和 Dr.C 更熟了。某次談話中，我聽到一句話非常吃驚。他說：「我不敢上理容院洗頭，只要一趟下去，我馬上開始害怕……。」他的一句真實告白，竟造成我一夜失眠。

「花無百日紅，人無千日好」。因治病之緣和接觸，綜合一切了解，我已篤定他得了——小生怕怕、社交恐懼症。

他的秘密，我的壓力

然而對他的了解，却帶給我自己心理壓力。往後當我上美容院時，即想起他的困擾，我必須承認自己免疫力較低，易被負面事件所影響，因此心理作用一度出現，這使我不舒服起來。

幸好，我已學會自我調適的方法，運用奇妙的「自我語言」力量，平衡自己的敏感神經，心情很快恢復穩定。

健康開朗的我，繼續寫作的工作。某日，我有事去醫院，經過他的門診室，門恰巧開著，所以問候他最近可好？他笑說：「樂在工作」。而我心中狐疑的想：「果真如此嗎？」因爲，他隱藏的秘密，只有我知曉。

何謂社交恐懼症？它與害羞有何不同？

一、你害怕成為眾人注意的焦點嗎？

二、你害怕面對別人時會令自己尷尬出糗嗎？

三、你是否通常會試著逃避以下的狀況：

A、公開地演講。B、與權威人士交談。C、被他人的目光凝視。D、在他人面前吃、喝、寫字等。E、參加宴會。

四、若你發覺自己處於上述的某種情況時，會不會臉紅、心跳加快、手腳顫抖、舌頭打結或突然急著上廁所？嚴重時會出現「恐慌症狀」。

如果對問題一、二、三的答案是肯定的，那麼你就有可能是社交恐懼症。

如果對問題四的答案也是肯定的，那麼你幾乎可確定是社交恐懼症。這是相當令人苦惱的精神官能疾病，其影響約莫十個人就有一個人發生，它好發於青少年時期，苦於社交恐懼症者，因而刻意逃避，會使自己處於被他人仔細端詳的情況，他（她）們的人際關係、學習及工作皆可能因此受到嚴重的不良影響，值得一般人去注意及重視它。

社交恐懼症（Social phobia）又名社交焦慮症（Social anxiety）是一種屬於常見泛焦慮症之精神疾病，且經常因不易察覺而被忽視，因爲它常伴隨有焦慮症、慮病症、憂鬱症等等。依據醫學統計，約有33%至58%的病患會伴隨重度憂鬱症，約有27%至31%的病患會伴隨焦慮疾患，約有24%至25%的病患會伴隨著酒精、藥品濫用的問題。

因此必需經由專業診斷，找到主要成因，始能對症治療。

社交畏懼症的病人，最大的問題是怕每天必須面對的社交活動，因此造成生活上的困擾，於社交場合幾乎一定會有恐慌發作的情形，除此，在其他情況下卻是正常的。

社交畏懼症會造成職業或學習上的失能，而害羞並沒有這些問題，二者間有很大之關聯，最基本之差別在於是否有恐慌發作（Panic attack），若有就是社交畏懼症，沒有就是害羞。

社交恐懼症的治療

依病況輕重而分爲心理治療與藥物治療兩階段，病況較輕微者可以讓患者接受心理治療，醫師首先要與病人建立良好關係，藉由諮詢過程中，分析了解病人生病之主因，對症給予心理建設，從心理上加以開導去除在社交中的自卑感，讓病人多往自己優點想，建立自立自強的自我精神意志，協助病人擊敗自卑、重建自信心。若病情嚴重者，則需配合給予藥物治療。

只要及早診斷、完整治療、詳細追踪，一般治療率是非常高的。

讓我煩惱讓我憂

於返回高雄時，我先去看Dr.C。

這次會談中，我注意到他有一個舉動怪異，見他不停的摸自己的脖子，一時聯想到他常常在看診中途，暫停片刻看診，而出去走一大圈後再返回，然後繼續看病。

我的問題，習慣性的寫在小紙條上，這天在會談中，談到一半時，沒想到他竟爲結束看病，而奪走我手中的便條紙，下意識裡，他心急如焚，恨不得我快點兒問完，他急於離去。

時間在靜默中，顯得時鐘暫時停擺，約莫過了五六分鐘後，Dr.C 突然舌頭打結的聲音，告訴我一句話，他說：「我的胃，都快抽筋了……。」

當時，我雖不以爲然。事後，我能肯定自己非杞人憂天的想法。而是 Dr.C 在看診中，已出現恐慌發作（Panic attack）了。

——我們以什麼樣的方式思考，就會反應出怎樣的感覺存在——

看診壓力大，精神科醫師也罹病

民國八十九年某月某日，中國時報一則綜合新聞報導：精神病患常因擔憂遭歧視，而諱疾忘醫，實際上精神科醫師也飽受一般人異樣的眼光，承受巨大的壓力。

近年來經濟不景氣，失業者眾多，造成患者數量暴增，某大醫院精神科醫師的工作量上揚，承受內外煎熬，已有醫生出現食慾、性慾低下，甚至有痲木不仁的慢性疲乏症候群。

這件事聽來非常諷刺，但確實是現代人的文明病，因爲醫生也是凡人，而且看診壓力果然太大了。

他的健康，亮起紅燈

等候太久的時間，對我而言是件苦差事，這就是所謂的「焦慮」，坐久了我會站起來走走！好不容易，等到了我的病號，誰知推門進去時，當真的自己嚇了一大跳。

只見 Dr.C 的兩個眼眶發黑，下巴留著一把落腮鬍，臉龐瘦了一圈，皮膚變得漆黑，他憔悴太多太多了……，他瞧著我，態度一落千丈，而且有著三百六十度的大轉變，我幾乎不認識他了……。心想才多久不見，他的改變出乎我的意料。

欲哭無淚

我怯生生的坐在他面前，片刻後，他冷冷的聲音對我說：「當我看到妳時，我會『恐慌』。」又接著說：「妳『換個醫生』看，好不好？」

他突如其來的言語，令我有些招架不住。他的問話和下逐客令，我完全無法接受，內心雜亂無比。內心一股反抗的聲音在狂叫：「我是一個病人，如何承受如此巨大壓力？」

無法承載之壓力

沒有訊號、沒有預警，如同板塊與板塊間擠壓的地震般，迅雷不及掩耳。

多年來 Dr.C 一直幫助我，天啊！我怎能接受醫生不再治療我？又有誰了解病者之哀傷？殺那間，我失去了精神支柱，心中難過到極點，亦難以單面去形容的無情打擊，更不知向何人理論這個問題。此時，門診室內的氣氛顯得嚴肅極了！空氣中似乎還有點缺氧。

繃緊的橡皮筋

互相凝視的眼神下，有著兩張緊繃的臉，像極了兩端拉得緊緊的橡皮筋，只需再稍微使勁一下，這一條橡皮筋立刻會斷裂了！

離去前，Dr.C 又說：「爲了維護自身的健康，他不得不如此」……等話。想不到他絲毫不顧及我的感受。

當我知道，他的健康亮起紅燈後，仍不變對他的關心，偷偷向別的醫生打聽，詢問他的病情和關懷。

如此，已經造成我的心莫大的壓力。然而，欲訴向誰？

個性固執的我，對固定看同一醫師非常執著，如今眼見 Dr.C 的健康，每況愈下！終於我釐清自己的矛盾心結，決定換個醫生。

當醫生罹病時之省思

時間在自我的省思中溜去，心中無名的怒火早已平息，沈思再三，筆者語重心長，誠願與社會共同來探討這個問題，避免他人再次重蹈覆轍。

世事難料，罹患現代文明病並不可恥，設若有人遭遇吾之困擾時，請病者應擇換良醫治療，因為執著的看病，只會造成兩者間的苦惱和無謂的心頭傷害罷了！

回想 Dr.C 身罹疾病，看病造成職業上之失能，他固然有錯，而我過度的關心醫師，倍增自身的壓力，我必須承認自己的不智之舉，在自我的盲點裡，也找到自己的過錯，這是他的故事，也是我的一個經歷、一個教訓。

人生何處不相逢

人生何處不相逢，相逢何必曾相識？

走筆至此，已是酷熱炎夏。一壺茶、一張紙，閒來無事，突然心血來潮，提筆寫詩為樂。

隨手拿起一本書，翻閱中抖落書中夾帶的一封信，這是許久前 Dr.C 寫給我的信，信中有一首詩，詩中的意境正符合我此刻的心境：

「春有百花秋有月　夏有涼風冬有雪

若無閒事掛心頭　便是人間好時節」

往事如煙，但走在熙來攘往的人潮中，寂寞中有無限的悲情。他像一位老朋友，永遠駐留我的心靈角落。

對他，除了關懷，我寄予深深祝福。

醫生，換下白袍也是凡人。

當醫生生病了，是否該換下一位？

是的，下一位會更好。

過度關懷他人，對嗎？

不對，那將帶來自己難以承載的傷害。

24 壓力對身體的反應

壓力往往帶來身體、行爲及情緒的反應，而人們常誤以爲是嚴重的身體疾病，其實這只是壓力的自然反射作用。

以下是一些身體、行爲及情緒，因壓力反應後，所造成的症狀，請自我評估。

一、身體方面：

例如：

關節酸痛、經常感冒、頭昏、心悸、肌肉緊張或疼痛、發疹發癢、窒息感、頸肩部僵硬、胃部脹氣、胃痛、腹瀉等。

二、行為方面：

攻擊行爲、容易激動、容易受驚嚇、沒食慾、飲食過度、注意力不集中、健忘、失眠、睡眠中斷、睡眠短淺、常嘆氣、不自主流淚、磨牙、藥物濫用、酗酒等。

三、情緒方面：

焦慮、憂鬱、挫折感、暴躁、固執、易怒、寂寞、無力感。

如果上述症狀僅偶然出現或感覺，那麼恭喜你仍十分健康，只要多練習放鬆法平衡身心，它可以幫助你漸漸舒壓，恢復身體健康。

25 特殊的團體心理治療

根據精神科醫師的臨床經驗，指出患有焦慮性疾病、解離性疾病等俗稱精神官能症者有其人格特質，故容易致病。

一般而言，藥物可改善其病情，但無法改變個性，然而此症與患者個性卻息息相關。故團體心理治療配合藥物，方可達到治標兼治本的目的，希望大眾不要忽視之。

聖經中的一句話：「心中之喜悅可以分享他人，而苦楚卻獨自品嚐。」的確生病的無奈猶如走在炎熱的沙漠中，飽受病魔的煎熬。

◆

筆者於十多年前曾參與團體心理治療，近年來也常去關懷這個互助的團體，它改寫了我對人生悲觀的思考，開始我的寫作人生。此刻我無法用三言兩語道盡我在其中所見的感動與震撼。

我曾看見絕望，全身受病痛困擾，哭泣像個嬰孩的病友，在團體中吐露自己的脆弱和害怕，也曾發現看似對人冷漠的病友，竟然在團體裏展露溫情的關切，將自己進步的療程熱情分享給最嚴重的病友。我能不怦然心動嗎？

總之，團體治療充滿了溫馨！讓病友充滿力量與信心！對我來說，我覺得這十二堂課是人生必修的功課，參與時彷彿打了一劑強心針。

◆

治療的目標：使患者病情痊癒，儘快恢復自信心，回歸正常的家庭、社會及職業等功能。

治療的方法

目前已知抗憂鬱劑與抗焦慮劑可以有效的阻斷恐慌發作。

團體心理治療內容

一、衛生教育：透過衛教，讓患者了解病情，不再無謂的害怕治療方法及預後等。

二、認知療法：改善病患無知的錯誤觀念。（例如認爲疾病發作時，心跳加速會死亡……等等）加強適應的技巧。認知治療可說是對患者極重要的課程。

三、心理支持：藉由團體成員間的同理心，互相支持、安慰，可減輕和消除痛苦和孤立感，情緒也因此得到宣洩。

四、放鬆和適應技巧：讓病患了解當病症發作時，如何自處和自我放鬆，以期改變過去的方式，不再到處投醫、往急診處跑、吃很多藥品、做一大堆檢查、甚至問神等不當的求醫途徑。

家屬的態度

一、理解與接納：勿視爲無病呻吟，接納他們。

二、體諒：勿施予病人過大的精神壓力。

三、勿再忌諱就醫的錯誤觀念，請早日接受正確治療。

◆團體心理治療地點：全省各大醫院精神科，皆設有「恐慌症特別門診」。每梯次治療期程爲十二周。期望早期治療，早日恢復健康。

◆心理障礙、恐懼、負面思想、不安、緊張、不被人了解等等……，急需參與團體心理治療，朋友：相信我！相信自己！

◆驚喜總在生命轉彎處，生病的你雖然失去自信，覺得孤立與無助，但在團療教室中可以找到友誼，及支持的力量，你不再孤單。

所以，永遠不要放棄自己，從廢墟中奮起吧！

活著就有希望，重建信心靠自己。

恐慌症是一種常見的慢性疾病，主要症狀爲心悸、呼吸急促及恐懼等，因常爲患者，醫生誤以爲心臟病發作或其他潛在疾病，故做了許多不必要的檢查，非但浪費醫療資源，延誤治療，更導致病患的社會功能、職業功能障礙及經濟耗損。

恐慌症的特徵是自發性的（SPONTANEOUS ATTACK）恐慌發作（PANIC

ATTACK）。它是在事先毫無預警下，突然發生極度恐懼、不適，且伴有心悸、盜汗、顫抖、呼吸急促、四肢無力、窒息等，胸痛、噁心、頭重腳輕、怕自己將失控、發瘋、恐懼可能瀕臨死亡、脫離現實感等等。

這如大地震似的發作約在數十分鐘內快速達到一高峰，恐慌發作常反覆發生，會合併有PHOBIC AVOIPANCE和懼曠症。以致有人怕公共汽車、搭飛機、不敢去菜市場、不敢開車上高速公路，甚至嚴重者，不敢一人在家及不敢上街等等，甚至50%至65%會發生重鬱症等。

某些病患中，有如離婚、死亡、離家獨居者，會使其病情加重或復發等，雖然病情起伏不定（FLUCTUATION），但長期觀查，其預後仍很好，根據調查有30%至40%患者預後良好。30%至50%仍有些許症狀存在，但仍可維持正常生活與工作。

如何治療恐慌症？

一、認知：

專家們都認爲認知及行爲治療是最有療效的方法，藥物亦對症狀有明顯之改善。

正確的認知對恐慌症患者有極大的幫助，反之總是在無知的思考中，惡性循環，負面思考著自己會「失去控制」或「心臟病發死亡」等，因無知而被病情控制。而新的認知可幫助患者使用正面思考模式來面對恐慌症。（即改變思考的方向）

二、行為治療：

是採取讓患者一次次又重回發病之現場（指發病地點），逐漸再去了解、接受、甚或心裡「突破」困難的一種治療方式。Importance！

三、肌肉放鬆技巧的學習：

對「漂移性」（flow through）的焦慮應該很有幫助，學習肌肉放鬆訓練，正可同時學習到正確的呼吸法，深呼吸及放鬆法對恐慌症也有很大的幫助，當發作時可適時應用，而達到全身或局部肌肉的放鬆效果，故平時即須常常練習，以至純熟。

四、藥物：

對患者是必要的，可緩解焦慮症，減少憂鬱、或控制疾病復發之效。

五、互助性團體療法：

這是個最有幫助的方法，可建立信心，在團體中看見病友的痊癒，可謂找到希望之燈，建立友誼，病友們互相關懷及幫助，情感的支持可以使病人意志力增強，尤其患者的心態在無形中放鬆，所以能調適自己，特殊的團體心理治療是不可或缺，且不要缺課，通常治療約10至12周，病況可以痊癒。

六、藥物治療、心理認知、行為治療，何種方式最為有效？

對患者的各種層面的影響：

例如身體、情緒、認知、行爲等等……。

所以我認爲，以上治療都很重要，缺一不可。

恐慌症衛教：（實例）

有一位陳先生，四十五歲事業蒸蒸日上的鞋業廠負責人，由於業務繁忙，所以經常往返於台灣與大陸之間，他成爲標準的空中飛人。有一次發生事情後，他的生活頓時有巨大改變。

只因遠在大陸的工廠出現問題，陳先生緊急趕往香港，此時在機上的他憂心忡忡、害怕，深怕多年努力的心血付之一炬。正當飛機緩緩升機時，突然一股莫名的恐懼侵襲著他，跟著呼吸急促、喉嚨有異物感、心跳很快、四肢顫抖、冒冷汗，似乎即將昏倒或死去，這突如其來的不適，一步步籠罩在陳先生身上。此時立即被人送醫急救和檢查，過不久，陳先生已恢復一切正常（檢驗報告亦是一切正常），所以可以返家休養。

起初，陳先生以爲自己是過度勞累而引起，可能多休息就可恢復正常，未料，隔沒幾天又發病了。又是緊急送醫、掛急診……等等救治。此後陳先生陷入深度的恐懼、焦慮不安的情緒裡。他的精神已完全崩潰，隨時都在擔心病發，而且漸漸地他不敢自己搭飛機、火車、開車去上班，就連出門也要家人陪伴，另一方面家人由陪伴變成不耐煩，且懷疑陳先生是不是「裝病」，而來逃避生意上的種種問題。

陳先生的生病經驗，亦是所有罹患「恐慌症」患者的共同經驗，早期的台灣，此症並不為大眾所熟知，直至近幾年來才讓大家漸漸地了解與重視。

恐慌症患者的人格特質：

一、神經敏感
二、凡事要求完美
三、固執
四、好勝心強
五、急性子
六、常常有預期性焦慮

因有獨特的人格特質，所以生活中容易有長期壓力，根據調查，一等親家屬中，罹患「恐慌症」的機率多出四到八倍。

罹患此症會造成社會功能喪失，使工作上、生活上嚴重障礙，甚或家人失和、家人誤解、婚姻破裂，影響甚巨！故呼籲病患不要忌諱就醫，以其早期發現、早期治療，可避免進一步的併發症狀和病情加重之憂！

克服恐慌及焦慮症自救法：

當練習時，你將經驗一些你曾害怕的感覺狀況，會有預期的焦慮，你將有一些生理上的反應，如頭痛、心悸、冒汗等等，你可以試著轉移你的思考方法，例如自我對話，告訴自己說：「這只是生理的過度反應，它不會傷害我，這種感覺很快會過去的，只要試著不去抗拒它，它會過去的……。」

如果你覺得頭重、頭暈，請做以下方法：

一、慢慢的吐氣由一數到四，再吸氣，再由一數到四，反覆動作。

二、一直做深呼吸放鬆、呼氣、吐氣，將注意力集中在鼻息的進出。

三、試著處在當下，告訴自己那是正常的害怕反應，放輕鬆！不要害怕、深呼吸、慢慢吸氣數一到四、慢、停一下、再吐氣吸氣、放鬆、吸氣放鬆、放鬆、放鬆……。放鬆、放鬆、再放鬆，耐心地跟害怕一次又一次和平共處。

永遠的志工

冬盡春來，此時正逢三月天。窗外總統大選活動的選戰車隊鑼鼓喧天，春天後娘臉，也是憂鬱症好發的時節。逝者如斯，不再回首。

心血來潮，隨筆寫下恩師莊桂香老師贈吾的詩句：「來生莫做婦人身，百年苦樂由他人。」寫書並不能改寫一生，但它可以改寫我的心境，我以全新的自己，面對我的未來，化身浴火鳳凰的我，把經驗真實地呈現，且在護理角色上盡一點心力，傳授衛教知識，我願意做一個永遠的志工，散播愛的種子，在每個愛的角落，給需要被關懷的人溫暖。

恐慌症・焦慮症・

憂鬱症精神官能症關懷團體

中華民國生活調適愛心會

台北服務熱線電話：（02）2759-3178

台中服務熱線電話：（04）2333-9622

高雄縣安心會熱線電話：（07）396-3468

高雄愛心會熱線電話：（07）713-3825

26 關懷工作狂

當你問有工作狂傾向者說：「你爲什麼忙得這麼高興？」他會笑著回答你：「我樂在工作。」竟然忙到連看報的時間都沒有，連時事火車票價都沒概念，太離譜。

如果你又問他：「今天報紙的副刊，你看了沒？」他會回答你：「正刊都沒看，哪有空看到副刊。」

一天到晚忙開會，開不完的會議，但是他還是說：「我樂在工作。」至少一天七小時在開會，公司的會開完，馬上趕場到議會繼續開會一整天，真是：「大忙人」。

在你我的身邊就有很多工作狂，筆者認識一位深交的友人亦是。他是主管階級，多年來基於友誼的關懷，但由於無知而愛莫能助。

記得往年，從北飛至南去探望他，看他忙得團團轉，反而自己覺得不自在，但可以感受他承受莫大的壓力。寬敞寂靜的辦公室，電話鈴聲頻繁響著……。正忙接一個又一個電話。朋友們：你們有沒有見過人，同時接兩個電話，是否有點「誇張」？

可是某次，卻令我氣到跺腳！因爲我們事先有約，況且我是遠到客人。結果主人姍姍來遲，我只說了一句報怨的話，不得了，他竟目中無人的開罵，脾氣好大呀！

由於他工作的忙碌，彼此間也疏遠了。

某日，友人來電說：「我正在高速公路上開車，趕著去應酬，我常常開車開到幾乎快睡著了……。」

天哪！那多危險啊！（我心想太恐怖了吧！）幸好，他滴酒不沾。

連忙回應他：「喂！你可不可以別這麼忙呢？工作少一點，這樣開車很危險啊！」

他回答：「你怎麼老想改變別人呢？我跟你說，我這人就是這樣子啦！」

他一意孤行，不聽規勸，還理直氣壯呢！所以，電話這端的我，只好啞口無言。

這位大忙人的特質，已然表露無遺。（脾氣很硬）

還記得那天是他一周內，最忙的一日。

中午就在辦公室一同進午餐，因爲是老朋友，談完正事我便匆匆告辭。臨別時，他抱歉的說：「我下午要到學校上課，所以不送妳了。」他同時做好幾件事，還身兼數職，真是能者多勞。

然而，我深感他很可悲，也是第一次體驗工作狂對工作的著迷程度。所以，在我腦海常浮現了兩個問號：「到底工作狂是不是病態？」「是太認真亦過度了？」

也許是機緣，本章我們就來討論這個主題。現在，我肯定的說：「工作狂是一種病態的行爲模式」。

工作狂的人非常需要成就感，連假日仍不肯休息，休假他覺得無聊，浪費時間，有罪惡感，所以繼續處理工作事務，可說全年無休吧！殊不知對自己的壓迫，是要付出健康的代價的。

這種像著魔似的對工作上癮，到達犧牲其他生活層面的程度，可謂慢性自殺！而工作正是他們無形的殺手！

然而這種病態的行爲模式，他們已經年累月身不由己的受此困擾，無法自拔！雖然這不是經神疾病，工作狂卻對他自己、家人、同事等，帶來巨大的困擾與痛苦。

現代社會競爭壓力大，而且儒家思想的角色固定與權力集中的觀念，和工作狂很契合，在我們的周圍隱藏很多工作狂，爲我們及他自身帶來莫大的痛苦和疾病，筆者殷殷期盼他們的家人、同事、朋友能提醒與共同協助這些表面成功而內心空虛的人們。

◆

工作狂可能產生的症狀及問題

一、投入工作積極：與工作爲伍、工作時間很長，不斷談論工作，即使生病仍在工作，同時做好幾件事，從工作中獲得絕大多數的滿足感。

二、假日無休：不停工作。

三、出現壓力症候群：失眠、焦慮、（手或腳出現顫抖）、全身痠痛、疲勞、說話聲音中氣不足（低沉無力）。

四、人際關係的影響：自認是爲家人奮鬥，卻疏遠家人，因此造成婚姻失和，配偶與子女的情緒障礙。此外，總覺得別人的工作做得不夠好，嚴苛待人，因此對屬下、同事造成極大的壓力。更重要的一點，因爲過度追求權力，「而沒有真正的朋友」。

五、猝死症候群：經過好幾年的高度壓力，雖然各方面表現很好，但免疫系統卻逐漸衰弱，然後突然出現心臟、胃潰瘍、感染、腫瘤等等疾病……。我們亦常耳聞大學名講師、名教授突然猝死的新聞，以上皆可能是工作狂嚴重的後果。

工作狂專門侵襲政治人物、老闆、管理階層、行銷人員、醫療、法律、教育、科技等專業人員、創作、表演等藝術工作者。

揭開工作狂的神秘面紗

工作狂的人非常需要成就感，也非常需要控制自己與別人的權力，因此把時間表排滿，甚至連假日也無休。做非常多的事，壓迫自己、家人、同事與屬下。甚實他們的內心非常空虛，因爲害怕空虛而埋首於工作，同時他們對配偶有強烈的不滿，故疏遠家人。

造成工作狂的背後因素

他們的童年時期，父母對其過度權威與控制，而且提供條件式的愛，因此他們必須努力表現才能得到父母的關愛，這是工作狂「過度追求成就感」的原因。工作狂的個性非常固執，要他們承認自己有問題相當困難，除非病倒他才突然覺醒。但若遇到突然猝死，又情何以堪呢？他們可是最優秀的人才。

工作狂的事業很成功，但同時被成功所困，因爲充滿成功與成就，故暫且把困擾丟在一邊，置之不理！令人感慨萬千。

（新竹市報導）清大材料科學工程系碩士班二年級學生童冠博前晚陳屍租住處，女友說他爲做研究每天只睡三小時，可能因睡眠少，研判過勞猝死。

署立新竹醫院精神科主任陳世哲表示，長期睡眠不足，輕者影響生理運作，重者可能過勞死。

不論身體多強壯，建議晚上十二時前就寢，如熬夜也應適時補充營養，並養成運動習慣，切勿讓自己壓力太大。

爲何會「過勞死」？

爲何過度勞累會造成死亡？高雄醫學大學附設醫院家庭醫學科主任黃治鑽表示，過勞死是長期慢性疲勞所致，累積疲勞的程度超出身體負荷後，會影響內分泌、自律神經等整個生理機能，器官功能下降、心血管過度收縮、缺氧、硬化。

這時身體會發出頭痛、肌肉痠痛、憂鬱、失眠、注意力不集中、記憶力減退等警訊，如仍持續過度勞動，一旦身體的負荷超過臨界點，就可能因心血管毛病猝死。

過勞死的人生前常抱怨疲憊卻失眠，年齡多爲廿至四十五歲。歐美日等國都曾流行，近年來國內也逐年增加。

如何提供專業方法來改善工作狂？

一、藥物治療：可有效改善失眠、酸痛、焦慮、情緒不穩等。

二、專業心理治療：心理醫師可以探索個別工作狂的根源，化解、重新建立較健康的人生觀、人際關係、生活安排。

三、家族治療：處理工作狂帶來的婚姻失和、配偶及兒女的情緒、行爲問題。

◆

總之，這麼努力的人本該擁有更美好的人生，然而事業成功亮麗的背後，卻是飽受空虛、婚姻失和、及早死症候群的無形威脅。期待他們的親朋好友協助、輔導醫療方能改善去除陰影，重建另一種快樂、美麗、健康的新人生。

筆者對台灣社會各階層工作狂的朋友，伸出最誠摯的友誼之手，謹以本文獻給他們，更寄予深度的關懷。

◎後記：本文參考竹北市六竹診所王建民院長提供。

近年校園疑似過勞死案例

2008 年 2 月

清大碩士生童冠博
為做研究，每天只睡 3 小時，在租屋處猝死

2006 年 11 月

醒吾技術學院觀光系助理教授楊世興
自美返台後，猝死在研究室

2006 年 3 月

聯合大學理工學院院長吳中興
返家途中昏倒，送醫不治，法醫判定過勞死

2005 年 1 月

高雄市中正國小國樂指導老師郭鎮郡
工作之餘準備研究所考試，猝死租屋處

2002 年 2 月

交通大學 3 位教授
疑似過勞死，相繼於半個月內去世

【人生感言】

人生是一篇很長的故事，生老病死是過程。痛苦也是過程，我們應在有限的人生旅途不斷的學習堅忍，發揮個人無限的力量奉獻社會。筆者自始至終秉持自我理念，認爲人一定要做情緒的主人，不要做情緒的奴隸。尤其具有人格特質的人，一定要學習自我改變。

◆

因爲我們皆是凡夫，而煩惱常是自尋的，但它使我們成長，人生如夢、如戲，我們想活得快樂，當下要自己去尋找；尋找的方向，是不斷奉獻，不斷搭橋出去，生命將會無限的寬廣。

以下是名人語錄，與讀者互勉：

- 心中有愛：（自愛、博愛）自然活得快樂。
- 三至：至愛無悔、至情無怨、至痛無淚。

- 人命呼吸間。朋友—珍惜。
- 是非天天有，不聽自然無。
- 若無「是非」掛心頭，便是人間好時節。
- 你我相識即有緣，面帶笑容結善緣。
- 「十年寒窗下，不如一杯茶。」—秀才寫在土地公廟的打油詩，自嘆不如老農。結果，皇上回應秀才說：「他才不如你，你命不如他。」
- 人生以服務爲目的。
- 真正的情感，是無怨無悔。
- 真正的痛苦是一滴眼淚都沒有。
- 一念放下，萬般自在。
- 人生有桃花源嗎?實際上並不存在。它只存在於每個人的心中。

後記：本文參考趙寧博士「人生何處不桃源」格言錄

【附錄】

憂鬱症自我評估表

1. 情緒低落
2. 明顯對事務失去興趣
3. 體重下降或上升
4. 嗜睡或失眠
5. 動作遲緩
6. 容易疲倦或失去活力
7. 無價值感或強烈罪惡感
8. 注意力不集中或猶豫不決
9. 經常出現負面想法

自我評估：
「0」很放鬆
「9」最緊張

註：憂鬱症必須含有上述五項以上症狀，並持續兩周以上，但這僅是初步評估，請求助專業醫師診斷。

資料來源/董氏基金會

◎憂鬱求助專線：
生命線 24 小時專線「*1995*」
張老師 24 小時專線「*1980*」
衛生署 24 小時安心專線「*0800-788-995*」

王世真（心柔）寫作年表

一九五三年　生於台灣省桃園市，父王明榮業商，母王呂秀卿曾任職台灣人壽保險公司專員。

一九七一年　第一首新詩作品：〈路〉，發表於《彰化青年》。

一九八〇年　結婚，於一九七三年跟隨夫婿遠嫁高雄。

一九九三年　第一篇文章：〈我將從恐慌症中走出來〉一文，發表於《大成報》。

一九九四年　皇冠叢書之心情故事第四集，發表第二篇文章：〈孩子！原諒媽媽吧〉。聯合報發表第三篇文章：〈純樸鄉下成了觀「光」聖地〉。
加入台北生活調適愛心會會員，每期發表文章十年寫作未曾間斷，
筆名：紫楓，發表文章。

一九九八年　九月廿日自由時報發表第四篇文章：〈精神官能症患者不孤獨〉。

二〇〇三年

自由時報發表第五篇文章：〈土芭樂加鹽酸草改善糖尿病〉一文。

十月六日，《戰勝自己》處女著作出版。

十月廿日，聯合報岡山記者採訪。

十月廿日，聯合報B2高雄版新聞刊出《戰勝自己》新書，由台北文史哲出版社出版。

十月底，接受慈濟大愛電視台錄影訪問。

二〇〇四年

五月二日接受：高雄廣播電台，海與風對話節目訪談新書——《戰勝自己》。

五月中旬，接受高雄中廣電台：早安向日葵節目訪談新書——《戰勝自己》。

五月中旬，接受高雄中廣電台——阿巴桑、阿吉桑來開講節目，訪談新書——《戰勝自己》。

六月，因緣際會，舉家遷居桃園，至此歸鄉。

桃園文化局建檔，爲文藝作家。

開始寫：新詩作品、筆名改爲心柔。

十一月進入乾坤詩社。

十一月廿一日自由時報刊《戰勝自己》教你掙脫恐慌症一文。

二〇〇四年　冬季號32期乾坤詩刊，發表新詩作品：拭去、愛在虛無縹緲間。

二〇〇五年　春季號社團法人高縣安心會年刊，發表新詩作品：〈天禍與祈禱、蟬的世界〉。

二〇〇五年　秋季號三十五期《乾坤詩刊》，發表新詩：〈沈默的天空〉。

二〇〇五年　十月中旬七十二期《大海洋》雜誌，發表新詩作品：〈海之戀〉。

且攜至大連錦州渤海大學及中國新文學學會發表。

二〇〇五年　十一月十五日，《在那遙遠的地方》處女詩集出版。

二〇〇六年　一月二十七日，聯合報C2高雄縣新聞刊出《在那遙遠的地方》詩集，由台北文史哲出版社出版。

二〇〇五年　冬季號三十六期《乾坤詩刊》，發表新詩作品：〈五月雪〉。

二〇〇七年　五月二日接受：台北新客家電台專訪新書——《戰勝自己》。

作者示範呼吸法：靜心盤坐姿勢。2008.5.9
於桃園演說家

作者於桃園大溪湖畔

桃園縣家暴志工

微笑可以使人快樂臉部肌肉放鬆了

作者正示範靜坐姿勢

作者於家中藉由彈琴，身心放輕鬆

作者於台北二二八紀念公園

作者於桃園大溪湖畔

作者熱愛弱勢關懷「送愛至大園」

作者「送愛至八德」關懷八德殘障教養院殘童

作者於桃園蕙心媽媽社團，參與關懷心燈啟智教養院，陪伴智障者曉芬合影

作者於2008年元旦與女兒雅芬、愛琳家中〈演說家游泳池前合影〉

作者與女兒雅芬、愛琳於家中游泳池前合影

作者的女兒愛琳在中壢綠風餐廳留影。

作者女兒雅芬於桃園大溪湖畔儷影

作者與蕙心媽媽社編輯組同學於桃園吉品餐廳留影